Apresentação

A coleção "Mulheres Insubmissas" apresentará a trajetória de várias mulheres ao público infanto-juvenil. São histórias de mulheres do passado e do presente que romperam padrões e ocuparam lugares de destaque em várias áreas da esfera pública. No entanto, até hoje essas histórias permanecem esquecidas e desconhecidas para grande parte da população brasileira, sobretudo crianças e adolescentes em idade escolar.

Contar as histórias dessas mulheres hoje, na coleção "Mulheres Insubmissas", significa convocar suas forças no presente e tirá-las da poeira dos arquivos e do silenciamento histórico para despertar o respeito das crianças e adolescentes sobre outras possibilidades identitárias para as meninas, que não se resumem ao matrimônio e à maternidade. Mulheres podem ser o que elas quiserem!

São 20 livros sobre cientistas, soldadas, musicistas, cangaceiras, políticas, professoras, jornalistas, artistas, viajantes, poetas, construtoras e esportistas. Mulheres que lutaram por meio de artigos, livros, obras de arte, memórias, e se organizaram em redes, coletivos, sindicatos, organizações sociais para conquistarem direitos fundamentais para um país menos desigual.

A coleção "Mulheres Insubmissas" foi idealizada e é coordenada por duas professoras e pesquisadoras de Universidades Públicas Federais: Patrícia Valim, historiadora, dedicada à História das Mulheres e do Brasil e Valeska Zanello, psicóloga clínica, dedicada aos estudos de gênero e saúde mental das mulheres.

Boa leitura!
Patrícia Valim & Valeska Zanello

Título: “Maria Quitéria de Jesus, uma heroína da Independência”

Texto: Marianna Teixeira Farias

Coordenadoras da coleção “Mulheres Insubmissas”: Patrícia Valim e Valeska Zanello

Ilustração e design gráfico: Karina Werner

Coordenação Editorial: Juliana Daglio

Revisão: Amanda Dorth e Ayla David

2023

Contracorrente

Alameda Itu, 852, 1° andar,

Jardim Paulista, São Paulo - SP

www.editoracontracorrente.com.br

IMPRESSO NO BRASIL

Dados Internacionais de Catalogação na Publicação (CIP)
(Câmara Brasileira do Livro, SP, Brasil)

Farias, Marianna Teixeira
Maria Quitéria de Jesus : uma heroína da Independência / Marianna Teixeira Farias ; coordenação Patrícia Valim, Valeska Zanello ; ilustração Karina Werner. -- 1. ed. -- São Paulo, SP : Editora Contracorrente, 2023. -- (Mulheres insubmissas)

ISBN 978-65-5396-114-2

1. Biografia - Literatura infantojuvenil 2. Mulheres - História I. Valim, Patrícia. II. Zanello, Valeska. III. Werner, Karina. IV. Título V. Série.

23-154733 CDD-028.5

Índices para catálogo sistemático:
1. Biografia : Literatura infantil 028.5
2. Biografia : Literatura infantojuvenil 028.5
Tábata Alves da Silva - Bibliotecária - CRB-8/9253

Marianna Teixeira Farias

Maria Quitéria de Jesus

uma heroína da Independência

DO CONTRA

Em um sítio ensolarado do interior da Bahia, com cheiro de grama molhada, flores do campo e ao som de pássaros cantando, a manhã chegava para despertar do sono profundo uma menina que dormia docemente... e sonhava com as mais inesperadas aventuras.

- Maria, acorda, minha filha!... Já amanheceu e você ainda está dormindo? Vamos acordar, porque hoje o dia está lindo!

Maria, bem devagar, acordava, ao ouvir a voz serena da mãe.

- Bom dia, mamãe... Está fazendo sol, é? - entre bocejos, a menina perguntou.

- Está sim, minha filha. Do jeito que você gosta - a mãe respondeu sorrindo e acariciando o seu rosto.

Maria era criança e gostava do dia, do sol, de correr pela vegetação rasteira. Ajudava os seus pais, Gonçalo e Quitéria Maria, em alguns afazeres do campo, além de brincar com seus irmãos e com os animais que ali viviam. Gostava de sentir a grama nos pés, o calor em seu rosto e de observar os cavalos correrem - eram seus animais preferidos! A menina ficava horas vendo-os galopar, sentia que eram livres, fortes, corajosos...tal como um dia gostaria de ser.

- Mamãe, hoje eu quero aprender a montar em um cavalo! - falou a menina, resolvida.

- Maria, não! - a mãe respondeu rindo. - Você ainda é muito nova. E hoje precisamos ir à capela.

- Por que, mamãe?

- Porque você será batizada, oras! Vamos logo, pois o reverendo daqui a pouco já estará lá. Arrume-se junto com seus irmãos, eles também estão acordando agora.

- Tá bom... já vou.

Maria, um tanto desconfiada, olhou para a mãe e consentiu, esperando ela sair para que, de fininho, pudesse pelo menos dar uma espiada nos campos do sítio. Levantou-se da cama e, sorrateiramente, foi para fora da casa de taipa, coberta de palha, observar o dia amanhecer. Ela amava admirar as vastas matas do Sítio do Licorizeiro, circundada por pequenos bosques e grandes colinas. Sentia uma calma, uma paz, que não saberia ainda explicar com palavras. E, curiosa, sempre se indagava: “o que será que há por trás desses montes? Será que um dia poderei correr nas matas que vão além do sítio?”

- Maria, já acordou Luís e Josefa? - Sua mãe lhe perguntou, do lado de dentro da casa, tirando-a do estado de contemplação. - Eu vi que você saiu, menina sapeca! Mas não é para brincar agora, viu? Só na volta.

- Tá bom... Já vou, já vou! - respondeu a menina, correndo para dentro de casa.

Após ela e seus irmãos se vestirem, comeram a deliciosa refeição que a mãe preparou. Seu pai não estava em casa nesse dia, então apenas ela, Quitéria Maria, Josefa e Luís foram à capela. Ao adentrar a capela, sentiu o cheiro da madeira e das velas que adornavam o local. Sentiu-se bem, aconchegada. E, iniciada a cerimônia, sua mãe se emocionou. Nem acreditava que sua doce e pequena Maria Quitéria já tinha seis anos de idade e estava finalmente batizada!

Passado o ritual, todos se dirigiram para fora da capela. E Maria, sobretudo, ficou contente, pois, ao observar os céus, viu que ainda teria tempo para brincar com os animais nos campos do sítio. Chegando lá, Maria correu e quase não ouviu a mãe lhe dizer:

- Vá brincar, filha! Mas cuidado, viu? Não é para voltar tarde, já vai escurecer. - gritou a mãe sorridente para Maria.

De alguma forma, entendia que sua filha não gostava de ficar dentro de casa. Parecia apaixonada pela liberdade de explorar. E, no fundo, sabia que ela iria vivenciar cada segundo desse sentimento...

semblante estranho: abatido, pensativo e com um olhar distante.

- Pai, cadê a mãe? - perguntou Maria, aflita.

- Filha... sua mãe não está bem... Precisa repousar. - respondeu o pai em tom seco, fitando o campo.

- Como... Como assim, pai?

- Filha... - e fez uma pausa, como se fosse falar algo importante. - nada, não. Não se preocupe. Faça a comida dos seus irmãos. Eu... eu preciso sair. - Sem nem olhar para os seus olhos, começou a andar em direção ao portão.

Maria assistiu ao pai saindo do sítio cabisbaixo e, naquele momento, foi tomada por uma tristeza estranha. Ela sentia que seu pai escondia algo. Na mesma hora, correu para o quarto da mãe.

Ao chegar lá, viu-a deitada, parecia sonolenta e enferma. Pensou: "Nossa, mainha está muito fraca!".

- Mãe... está tudo bem? O que houve com a senhora?

- Minha filha... - respondeu com dificuldade, como se a voz falhasse. - vai ficar tudo bem, minha pequena. Deixe-me dormir, preciso descansar. Apronte a comida de seus irmãos. - E deu-lhe um beijo demorado na testa, com o pouco de força que ainda lhe restava.

Maria sentiu uma lágrima se formar em seus olhos, mas não queria preocupar a mãe. Também não queria admitir que tudo aquilo estava realmente acontecendo. Sentiu medo ao perceber que os dias não seriam os mesmos, com sua mãe por perto: vigiando-a, cuidando, aconselhando... Como sorrir, como correr, como sair para brincar com esse sentimento que tanto a importunava?

Os dias e as semanas passaram, e sua mãe já não saía mais da cama. Não tinha a mesma alegria e nem a mesma força de antes. A partir daí, Maria e seus irmãos perceberam que não teriam muito mais tempo com ela.

Ao final de quase dois meses, D. Quitéria Maria faleceu. Toda a família ficou em prantos. Gonçalo tratou de resolver as questões judiciais e burocráticas e seguiu viagem para uma cidade próxima, Cachoeira. No sítio, Maria ficou responsável pelos irmãos e pela casa. Começou a aprender, contrariada, os afazeres domésticos e a lidar com o crescimento deles. Tudo isso, sentindo a imensa falta que sua mãe lhe fazia.

Após cinco meses do falecimento de sua mãe, seu pai conheceu uma nova mulher chamada Eugênia Maria. Eles começaram a namorar, e mesmo com os filhos ainda sentindo a dor da perda da mãe, casou-se novamente. Semanas após o matrimônio, a nova madrasta, repentinamente, adoeceu e, após alguns dias, veio a falecer.

Gonçalo, Josefa, Luís e Maria sofreram com mais essa tragédia. A dor da ausência da mãe era a que mais sentiam. Assim, Gonçalo decidiu por não mais continuar no Sítio do Licorizeiro, já que lá não tinha mais a graça de outrora; os raios de sol já não lhe traziam boas memórias, nem os ventos vinham com bons augúrios. Precisavam de um lugar novo para recomeçar.

Em poucas semanas conseguiu vender as suas terras e com esse dinheiro comprou uma fazenda em uma região próxima, chamada Serra da Agulha.

Deu a notícia aos filhos quando estavam jantando. Todos imersos na escuridão do sítio e escutando apenas os gafanhotos das matas...

- Filhos, nós iremos mudar para outra fazenda. Aprumem as suas coisas logo e levem apenas o necessário. Maria, você, como irmã mais velha, é a responsável da casa. Faça a comida para viagem. Partiremos em alguns dias.

E todos consentiram calados com a decisão do pai. Só que Maria, no fundo, vivia um misto de sentimentos. “Sair do Licorizeiro?”, pensava, “mas cresci aqui, com minha mãe sempre ao meu lado... tantos dias aqui vivi, corri, brinquei...”.

Após terminar de comer e recolher o prato de todos, lavou as louças e deitou em seu quarto. Mas não conseguia dormir. Seus sentimentos não deixavam. Após algumas horas virando de um lado para outro na cama, antes de finalmente adormecer, aceitou: “É... precisarei sair do Licorizeiro”.

Serra da Agulha

A nova fazenda era na mesma Freguesia de São José das Itapororocas, só que mais próxima do rio Cipó. Ao chegar lá, Maria Quitéria, esperançosa, pensou na alegria que seria percorrer e conhecer a sua nova morada. Lembrou da mãe, que sempre sorria ao vê-la brincar. Sentiu uma saudade, que apertou o peito... Mas não deixou que esse sentimento se transformasse em tristeza. Ela queria sempre lembrar de sua mãe como os raios de sol que iluminavam o Licorizeiro.

Olhou para os seus irmãos pequenos, para o seu novo lar e tentou encarar essa nova etapa como uma aventura.

O tempo ia passando após instalarem-se na nova residência. Maria continuava contrariada com os afazeres domésticos, mas acostumada com a criação dos irmãos. Não podia tirar os olhos dos pequeninos, tão sapecas como ela um dia fora na idade deles; e nem se desvencilhar das responsabilidades que seu pai havia lhe dado. Como ele mal vivia em casa, ela que deveria comandar e manter tudo em ordem. Mas nem por isso deixou de correr nas matas da nova fazenda e imaginar o que poderia existir além dela.

Passou-se quase um mês, quando, num dia ameno, Maria e os irmãos foram surpreendidos com uma notícia. Estavam todos almoçando, comendo um delicioso peixe com farinha de mandioca, quando seu pai, Gonçalo, entre uma beliscada e outra, avisou que tinha conhecido uma mulher belíssima, e que estavam namorando há umas semanas. Todos ficaram chocados. Não imaginavam que depois dos últimos dois acontecimentos, o pai, tão rapidamente, já estaria enamorado! E ele seguiu, falando, entre uma mordida e outra, que iriam se casar.

- Papai, qual é o nome dela? - perguntou Josefa, curiosa.

- Dona Maria Rosa. - respondeu, sorrindo.

O casamento foi simples e discreto, em uma capela próxima da fazenda. E logo nos primeiros dias, Maria percebeu que essa nova moça tinha costumes diferentes, parecia não aprovar o seu jeito aventureiro.

A partir daí, a convivência entre as duas começou a dar problemas. Os irmãos, Josefa e Luís, ainda muito pequenos, não se incomodavam com os trejeitos da madrasta, mas Maria não gostou nada da forma como D. Maria Rosa lhe repreendia quando ia cavalgar e ficava horas e horas longe de casa, acusando-a de fazer coisas de menino.

- Uma moça de sua idade não deveria mais estar brincando e correndo pelos campos, Maria. Você precisa se comportar como uma menina e ser mais recatada!

Mesmo com as broncas da madrasta, Maria Quitéria continuou sendo exatamente do jeito que era, mesmo com os apelos e broncas do pai e da madrasta. Aproveitou que não precisava mais vigiar os irmãos e passou seus dias cavalgando e caçando pelos vastos campos da Serra da Agulha. Além disso, gostava de sentir o cheiro da grama molhada e de se bronzear no sol enquanto aprendia a atirar com a espingarda. À noite, permanecia horas sentada em frente à porta, observando as estrelas no céu e imaginando como seria sair dali e conhecer uma bem de pertinho.

Mais dias ensolarados e noites estreladas vieram e, nesse meio tempo, Maria Quitéria viu nascer mais seis irmãos: Francisca, Teresa, Bernarda, Ana, Josefa e Manuel. Gonçalo aumentou significativamente a sua riqueza; comprou novas terras e contratou novas pessoas para trabalhar no pastoreio de gado, no plantio de algodão e no comércio. A todo momento viajava, mas quando voltava, sempre passava um bom tempo nos campos da fazenda com seus filhos.

Os sinais da Independência

Passados alguns anos, em uma noite tranquila, com leve ventania, o futuro de Maria Quitéria bateu à sua porta.

Sua vida na fazenda era tranquila em comparação ao que estava acontecendo no restante do país. Naquela época, o Brasil ainda era colônia de Portugal, e em todos os cantos pipocaram rumores de uma guerra pela Independência! As notícias do Rio de Janeiro não paravam de circular. O que mais se falava nelas era que o filho do rei de Portugal, Brasil e Algarves, Pedro de Alcântara, que lá residia, queria tornar o Brasil um país soberano! Para isso, as províncias, nome dos estados na época, deveriam reunir todos os homens para lutar em favor de um Brasil livre do poder da metrópole portuguesa!

Essas notícias chegaram nas vilas do Recôncavo e em São José das Itapororocas. Era 1821 e todos estavam jantando, calmamente, na casa da fazenda da família de Maria Quitéria. Deveria ser uma noite como qualquer outra, porém...

Toc, toc! (Barulho na porta)

Seu Gonçalo logo estranhou: "Quem bate à minha porta uma hora dessas?", mas abriu-a bem devagar (som de rangido).

- Boa noite, senhor. Desculpe incomodá-lo nessa noite chuvosa. - disse o visitante, vestido com roupas escuras e molhadas. Ao falar com Gonçalo, abaixou a sua cabeça e retirou um chapéu marrom, fazendo um gesto cordial. - Venho em nome do futuro Imperador D. Pedro, requerer homens para lutar em prol da Independência do Brasil!

Gonçalo tomou um susto.

- Caro...?

- Desculpe-me os meus modos, Sr. Gonçalo. Nem me apresentei. Sou Joaquim, emissário de D. Pedro. - disse, sem graça, o visitante.

- Caro Joaquim, por favor, saia dessa chuva e entre em nossa casa. Estamos jantando, mas espero que isso não venha a lhe incomodar... - disse Gonçalo, desconfiado.

- Claro que não, Senhor Gonçalo. Saudações à vossa abençoada família. - O homem, mais uma vez, fez um gesto cordial em direção à mesa com Maria Quitéria, os irmãos e a madrasta.

Todos pararam de comer e estavam perplexos com a chegada do emissário e com o que acabara de falar sobre a necessidade de pessoas para lutar na guerra pela Independência.

- Sr. Joaquim, desculpe a intromissão, mas o senhor pode me falar mais a respeito dessa Independência? - perguntou Maria Quitéria entusiasmada.

- Claro, minha jovem. - respondeu o emissário, sorridente. - O Brasil é um território imenso, e ainda está sendo regido pelo poder tirânico de Portugal. Mas nós precisamos retirar esse poder de lá, pois (...) - o emissário continuou falando por longos minutos sobre a grande opressão de Portugal sobre os brasileiros. Pareciam horas para Gonçalo, desinteressado no assunto. Diferentemente de sua filha mais velha, que estava encantada com a possibilidade de se alistar para lutar por uma boa causa, talvez a mais importante delas, mesmo sabendo que o pai não permitiria tamanha ousadia para uma moça. Mas Maria Quitéria sempre soube que não se encaixava naquela vida que seu pai desejava para ela. Ela queria mais, muito mais ...

O emissário perguntou a seu pai:

- O senhor tem algum filho que esteja em idade hábil para lutar?

- Não. Aqui nessa casa ninguém pode participar dessa guerra. Não tenho filho homem com idade para se alistar, apenas mulheres, como o senhor pode ver - respondeu Gonçalo, em um tom arisco.

- Eu posso ir! Eu quero! Eu irei! - gritou Maria Quitéria, quase saltando sobre a mesa, de tanta animação que sentia.

- Maria! Modos! - falou a madrasta.

- Você não vai, minha filha. Tem de ficar em casa, como as outras mulheres. Seu lugar é aqui, cuidando, aprendendo a tecer e a fiar, e se preparar para o casamento! Oras, onde já se viu, mulher indo lutar em uma guerra no lugar de homem - disse Gonçalo, já sem paciência.

- Acho melhor você ir embora, sr. emissário. Não temos nada aqui que seja de seu interesse.

- Claro, desculpe-me, não quis interromper o jantar em família - respondeu o emissário, descontente.

Maria não gostou nada do que tinha visto. Mas não se deteve pelas palavras ríspidas do pai. No entanto, seu desejo de se libertar daquela realidade e ir lutar como uma verdadeira soldada era muito mais forte do que qualquer repressão que pudesse ocorrer, de quem quer que fosse, para tentar lhe desviar do seu caminho. Depois de muito pensar, estava decidida: iria para a guerra lutar contra a tirania da coroa portuguesa!

No dia seguinte, antes do amanhecer, Maria Quitéria fugiu montada em um cavalo para a casa de sua irmã Teresa, que ficava nas cercanias da fazenda de seu pai. Ela e Teresa eram muito próximas, e sabia que era uma das únicas pessoas que poderia lhe ajudar nessa empreitada. Chegando lá, relatou tudo o que aconteceu na noite anterior.

- Nossa, irmã! Eu, se já não estivesse casada e com filhos, iria me juntar a você. Mas eu te ajudarei a ir para lá. Do que você precisa?

Maria Quitéria ficou contente. Há muitos anos que não sentia essa adrenalina, essa vontade de viver intensamente.

- Se o emissário disse que apenas homens serão aceitos no batalhão, então preciso me disfarçar de homem!

- Já sei, minha irmã, pegue os trajes de meu marido. E adote outro nome também. Que tal Medeiros, o nome do seu cunhado?

Maria abriu um enorme sorriso. Nem acreditava que tudo aquilo estava acontecendo!

- Isso mesmo! Você pode cortar os meus cabelos, minha irmã? Quero bem curto, tipo joãozinho, assim ninguém vai suspeitar.

Logo depois, Maria Quitéria, vestida com trajes do cunhado e de cabelos curtíssimos, estava pronta para fazer a maior viagem de sua vida: alistar-se no Batalhão dos Periquitos como Soldado Medeiros.

Agradeceu a irmã com um abraço, como se não fosse vê-los novamente. Montou em seu cavalo e partiu para Cachoeira, cidade do Recôncavo Baiano, onde estava o comando do Batalhão dos Periquitos.

Alistou-se como Soldado Medeiros e, como previsto, ninguém a reconheceu por detrás do disfarce. Passadas algumas semanas, Maria Quitéria foi promovida da artilharia para a infantaria, pois todos admiravam sua habilidade com o manejo de armas de fogo.

Seu pai estava desesperado procurando por ela em todos os cantos da Bahia. Tendo viajado para cidades próximas como Tanquinho, Santa Bárbara, São José, partiu para Cachoeira como seu último destino, a última esperança de encontrar a primogênita. Ao chegar lá, avistou um alvoroço de gente e, no meio da multidão, viu a sua filha. Era ela! Maria Quitéria, com cabelo curto e fardada, ao lado do comandante Silva Castro. Imediatamente correu até ela e exclamou: "Maria Quitéria, Maria Quitéria!" e ela arregalou os olhos ao vê-lo se aproximando.

- Comandante, peço permissão para me aproximar. Ao seu lado está a minha filha, Maria Quitéria! - exclamou o seu pai, apontando para a filha.

- Meu pai - falou a jovem, com um semblante triste e ofegante, quase sem acreditar no que estava acontecendo.

- Filha, o que está fazendo?! - retrucou o pai, aflito. - Por que você está aqui? Seu lugar não é aqui!

- Maria Quitéria? - perguntou o comandante à moça, virando-se para lhe olhar melhor.

Sentindo-se encurralada, Maria Quitéria tirou o quepe e revelou sua verdadeira identidade ao comandante Silva Castro:

- Comandante, meu pai está certo. Eu não sou o Soldado Medeiros. Sou mulher e meu nome é Maria Quitéria de Jesus. - falou com medo de possíveis represálias.

- Por favor, deixe-me ficar no Batalhão! O senhor viu o quanto sou boa no manejo com as armas, na disciplina, na cavalgada. Por favor, eu posso ajudar a ganhar essa guerra!

O Comandante escutou atentamente os argumentos de Maria Quitéria. E, com um semblante sério, apenas consentiu com o rosto, dando-lhe aval para permanecer. Depois, olhando para Gonçalo, afirmou:

- Se ela quiser ficar, Sr...?

- Gonçalo! Gonçalo Alves de Almeida.

- Sr. Gonçalo, se ela quiser ficar, fica. Sua filha tem grande utilidade no regime de infantaria. Nunca vi alguém atirar tão bem quanto ela, além de ser grande estrategista!

Gonçalo, tomado pela raiva e a vergonha por ter sido contrariado pelo próprio comandante e pela filha, respondeu:

- Maria Quitéria, se você não voltar comigo agora para casa, nunca mais irei te perdoar! Nunca!

- Meu pai - disse, com os olhos umedecidos de lágrimas - essa é a minha escolha. Eu não posso abandonar o Batalhão agora. Perdoe-me, por favor...

Gonçalo, olhando-a fixamente, balançou a cabeça em tom negativo. Depois, retirou-se em silêncio e sem olhar para trás ... Maria Quitéria ajoelhou-se, levando as mãos para o rosto, limpou as lágrimas que desciam incessantemente. Amava o pai, mas tinha algo em sua alma que não lhe deixava desistir do caminho que tinha escolhido. Sabia que precisava continuar. Sabia que ali era o seu lugar!

As batalhas começam!

No dia 29 de outubro de 1822, o comandante Silva Castro foi convocado junto com o seu Batalhão para a defesa da Ilha de Maré, marcando o início da atuação militar destacada de Maria Quitéria, cuja vitória a fez protagonista nas batalhas seguintes em Itapuã e na decisiva Batalha de Pirajá, que garantiu o início da vitória das tropas baianas e da expulsão das tropas portuguesas.

A notável estratégia militar e destreza com as armas na linha de frente do Batalhão dos Periquitos fez com que Maria Quitéria, em fevereiro de 1823, atacasse a trincheira do que restava das tropas portuguesas novamente em Itapuã, conduzindo os prisioneiros de guerra ao acampamento das tropas baianas. Ninguém conseguiu deter a força somada às qualidades da soldada! Razão pela qual sua fama já chegara aos ouvidos de D. Pedro I, no Rio de Janeiro...

Todos se entusiasmaram com a coragem da soldada Maria Quitéria! Poemas foram feitos em sua homenagem, ganhou as honras de la Cadete, era respeitada, querida e estimada dentro do Batalhão, por seus colegas e superiores. Maria Quitéria sentia-se parte da tropa. Mais do que isso, sentia que tinha feito a escolha certa, pois nascera para comandar batalhas. Não tinha mais medo de ser descoberta e expulsa da tropa por ser mulher. Diante disso, resolveu pedir uma adição à sua farda azul escura. Ela utilizava a mesma farda que os outros soldados, composta por um dólmã azul escuro, gola e punho verdes e calças brancas. Mas ela queria se assumir mulher em um batalhão de homens. Então, pediu ao Conselho Interino do Governo, no setor de Fardamentos, Montarias e Misteres, um saiote ao estilo escocês, que ela disse ter visto em uma pintura, com a adição de uma espada.

Em abril de 1823, Maria Quitéria usou seu saiote com espada em sua última batalha. Como as tropas portuguesas insistiam em tomar a Baía de Todos os Santos, a soldada uniu-se a um grupo de mulheres e juntas entraram no mar. Ágeis, corajosas e com água na altura do pescoço, as mulheres atearam fogo contra embarcações portuguesas na Barra do Paraguaçu, garantindo a vitória definitiva das tropas baianas contra os portugueses.

Quando a vitória foi reconhecida, Maria Quitéria lembrou-se de suas noites e dias solitários no sítio e em Serra de Agulha, quando não imaginava que um dia conheceria outras mulheres como ela. Mais de quarenta mulheres guerreando ao seu lado, unidas por um mesmo ideal, o de alcançarem a liberdade. Delas e do país que surgia!

Nasce o sol ao Dois de Julho!

Às nove horas da manhã de 2 de julho de 1823, o general José Joaquim Lima e Silva foi noticiado de que os portugueses haviam deixado as águas da Bahia. Até que enfim, as batalhas tinham se encerrado! A população já poderia voltar às ruas e comemorar o fim da exploração portuguesas em suas terras.

E para anunciar tamanha vitória, o general ordenou que sua tropa fosse reunida para entrar nas ruas de Salvador de acordo com as divisões. O sol estava a pino, raiando sob um céu azul sem nenhuma nuvem. Pelas ruas, a presença em festa da população aguardava a passagem do Exército Libertador que ali fazia a sua entrada triunfal! Muitos choravam de alegria!

Aplaudiam os heróis e heroínas que deram as suas vidas pela libertação do Brasil nas lutas pela Independência na Bahia!

Os tambores rufaram; os sinos cintilavam; fogos de artifício, palmas, era um misto de cores, cheiros e sensações, que não seguraram as lágrimas de Maria Quitéria, que na tropa tinha posição de destaque: na linha de frente e ao lado do general comandante. Das janelas, jogavam-lhes chuvas de pétalas. E defronte do Convento da Soledade, lindamente ornamentado com grinaldas feitas de louro e flores do campo, as freiras ergueram um arco para a sua passagem. Nesse momento, Maria Quitéria de Jesus tinha acabado de entrar para a História do Brasil com pompas e honras merecidas. Mas ela ainda não sabia...

Um grande encontro

Após os preciosos dias de festa, em 29 de julho, Maria Quitéria viajou para o Rio de Janeiro a pedido do já Imperador, D. Pedro I. A viagem ao Rio de Janeiro foi breve, mas lhe rendeu inúmeros bons frutos, pois conheceu personagens ilustres. Maria Quitéria pediu ao Imperador que escrevesse uma carta a seu pai, Gonçalo. Era um pedido para que a perdoasse por ter fugido de casa a fim de lutar na guerra, pois sentia-se esperançosa para ver a sua família e, talvez, obter o perdão de seu estimado pai.

Ao chegar em São José das Itapororocas completamente fardada, os olhares curiosos a seguiam e a aclamavam. Ao encontrar a Fazenda da Serra da Agulha, parou por um instante. Abriu o portão de madeira e, entrando com seu cavalo, logo viu seu pai.

Ele não estava acreditando no que estava a sua frente. Pensou: “é Maria?”. Estreitou os olhos para vê-la melhor e não conseguiu conter as lágrimas. Ainda estava magoado pela fuga da filha, e não entendia por que uma moça como ela preferiu o perigo da guerra ao casamento com um rapaz daquela localidade.

Maria Quitéria saltou do cavalo e andou em direção ao pai em busca de um abraço há muito aguardado.

Gonçalo a recebeu, abraçando-a de volta. Os dois se emocionaram. Já fazia um ano que não se viam, e ele já estava dando sua filha por falecida.

Nesse momento, ela tirou de seu bolso a carta e lhe disse:

- Meu pai, espero que um dia o senhor possa me perdoar. Quero que leia essa carta escrita pelas mãos do próprio Imperador. Por favor, leia. Mas leia atentamente. - suplicava emocionada.

- Certo, minha filha, depois conversamos, vamos entrar em casa.

Seus irmãos, quando a viram, abraçaram-na e a encheram de beijos. Quanta saudade havia sentido deles, que já não estavam tão pequeninos assim, pensou. Sua madrasta, que já não lhe era muito afeiçoada, deu-lhe as boas-vindas sem entusiasmo. Infelizmente, o tempo não foi capaz de curar a ferida que existia entre as duas. Maria Quitéria de Jesus teve de lidar com outras feridas ao longo da vida, mas ela nunca se arrependeu de suas escolhas. Soube que tinha feito história quando ouviu, no quarto, a irmã menor brincar de comandar um batalhão...

EDUCAÇÃO PARA A LIBERDADE